AF174495

AUTOAYUDA POÉTICA

Álvaro Camacho Rodríguez

EDITORIAL

Poesía... eres tú.

Autoayuda poética

Primera Edición 2024
© *Álvaro Camacho Rodríguez 2024*

© *Ilustraciones Álvaro Camacho Rodríguez 2024*

© *Editorial Poesía eres tú.*
https:// poesiaerestu.com
C/Dr. Fleming Nº50, 4ºD
28036 Madrid
Teléfono: 34 91 345 38 17
Fax: 34 91 350 80 54

ISBN: 978-84-18893-86-5
Depósito Legal: M-23675-2024

AUTOAYUDA POÉTICA

ÁLVARO CAMACHO RODRÍGUEZ

PRÓLOGO

Pere Gimferrer, en su prólogo a la obra de Antonio Gala, *Poemas de Amor*, describe la poesía amorosa como una apelación a la verdad última que da sentido a la vida, y esa verdad no es otra que el Amor.

En los poemas de Álvaro encontramos igualmente ese sentimiento universal y único. A través de sus versos nos volvemos sus confidentes y él nos permite ver momentos reales de su historia en los que la persona amada se transforma en su universo y en el centro de todos sus pensamientos. Entonces nos eleva con imágenes evocadoras de un amor eterno e ideal, o se conecta con el lector en el aquí y ahora, nos acerca y nos hace participe de la caricia y los besos de amantes abrazados, de un mundo amoroso calmo y ordenado, disfrutando de la infinita alegría de ser correspondidos.

Otras veces su mundo es más oscuro. En palabras de Gala "El amor solo llega para decir que no puede quedarse", ahí Álvaro nos muestra las cicatrices del desamor y el desengaño, las cuales describe como llagas abiertas. Esos poemas cobran incluso más relevancia, ya que a través de su propia experiencia sentimos que no estamos solos con nuestros desencuentros, desamores y decepciones, allí donde empieza el proceso curativo del alma.

A LA DERIVA

Siempre quise llevarte a las estrellas
pero ya pasó nuestro tren,
soy un fanático del aire que me regalaste,
no habrá otro otoño como aquél
cuando te vi tan diferente.
Me persiguen los silencios y tu nombre
una tarde cualquiera en Gran Vía, te encontré.
Agradecido estaré por enseñarme a querer
aunque olvidaste decirme de tantas cicatrices.
Gracias por conocerme, quien te ame
ojalá lo haga como la mitad que yo lo hice.

(HAY PERSONAS QUE SE AUSENTAN EN MOMENTOS
IMPRESCINDIBLES)

BAÚL DE RETALES

Nunca logré borrarte, aunque ya me olvidaste
sabes que fui esperanza, cariño, aire
solo tenía un mal de amores,
ojalá encuentres cuanto mereces y sepa cómo cuidarte.
Te llevé en la sangre, pero acabaste destrozándome
fuiste ángel guardián sin intención ni fe,
cerré el baúl para evitar los cristales,
contigo conocí al amor, aunque sobre sintonías diferentes.
Ahora vuelvo siendo dueño propio del presente,
buscaré una flor que le importe poco la crítica cobarde.
Despacio cicatrizan infinitas heridas por promesas de ayer,
cuento con pocos dedos a eso que denominan amistades
camino solo entre blancos y negros, conociéndome.

(QUIEN ENGAÑA ES PORQUE NO TIENE CORAJE PARA
SER HONESTO)

EN MIS SUEÑOS

El último invierno que viví contigo, es infinito
si no me quieres muero perdido
caminando solo, terminé encontrando tu brillo
éramos fugitivos, yo ese poeta clandestino.
Nos dimos pronto cuenta de que teníamos futuros parecidos
cuántos amigos abandonan, empezando el frío
si deseas estar conmigo, te diré al oído lo más bonito.
Cuando estés sola llámame quedamos para abrazarnos
lo importante es nunca enamorarse del error.
Amándome de verdad, por siempre compartiremos todo
acércate otra vez quiero susurrarte con mis labios mil frases
de amor.
Libertad y Dios miran como testigos
los rumbos que toma nuestra ilusión
si quieres caricias en tus sueños, acuérdate de mis versos
mirándote desarmas tantos miedos
deseo noches junto a ti sin dormir, conociéndonos
ahora comprendo estos sentimientos eternos
si ella me dice, te quiero.

(IMAGINA LO INCREÍBLE QUE PODRÍA SER
ARRIESGARSE Y QUE SALGA TODO BIEN)

ES VIDA

Espérame hasta que solo estemos los dos
permíteme decirte cuánto te necesito
deteniendo el tiempo,
dame besos mientras observamos abrazados
la puesta de sol, contigo amor tiene otro
idioma y mil significados distintos.
Esas caricias florecen nuestro destino
sus sonrisas siempre crean algo infinito,
eres flor como patios cordobeses en mayo.

(VIVIR ES HERMOSO CUANDO TIENES A QUIEN
DECIRLE TE QUIERO)

FLOR DE LOTO

Tus ojos me hablan cuando nos miramos
soy un loco perdido, por tus abrazos
solo deseo pasearte con el viento
la única dueña de los latidos de mi pecho
ella es capaz, de quitarme mil miedos.
Vuelve conmigo porque te quiero
no soporto más echarte de menos,
tus recuerdos custodian todos mis besos.
Me gusta enredarme sobre tu cuerpo
para conocernos parando el tiempo,
recuérdalo, al amor hay que cuidarlo.
Callado sabes qué siento
¡esta vez no! Pronunciaremos ningún adiós,
tienes unas sonrisas que curan dolor
aprendimos del silencio a querernos bajo
el mismo sol.
Te doy lo único que tengo sentimientos sinceros
quiero caminar a tu lado, susurrarte poemas eternos
afortunado si rozo tus labios, te amo.

(QUÉDATE CON QUIEN TE APORTE CONSEJOS DE
CORAZÓN EN EL MOMENTO OPORTUNO)

LUZ DE LUNA

Me busco en ocasiones sin lograr encontrarme
llegas con tus labios para guiarme,
besándome una y otra vez
tu nombre será mi único horizonte,
contigo todo tiene colores interesantes.
Escúchame princesa, jamás quiero extrañarte
hasta que roben mi aire pretendo amarte
haremos barquitos de papel siendo valientes
luego escribiré, sobre tu piel mil frases inolvidables.
Das vida, cuando me miras cada noche
suerte no tiene nada que envidiarte
siento la grandeza del mundo acariciándote
afortunado soy regalándote sonrisas especiales.
Esa forma de ver hace de ti alguien diferente
estés donde estés, sé cómo eres, nunca cambies
merece la pena nadar a contracorriente, si al final
estás esperándome.

(VALORAR NOS HACE PERSONAS MÁS SENSATAS)

ME DESTROZASTE TODO

Después de las tormentas llegaban sus sábanas
me sentí como lágrimas si olvidaba mis palabras
te quise porque eras única, latiendo siempre sin pausas
casualidad volvió cruzando nuestros ojos,
negándonos otra oportunidad.
Soñé despierto cuando te escuchaba hablar
esa rosa con esencia inolvidable
a veces no duele el golpe sino quien lo da.
Flotaba magia solo si estabas
conociste mi persona y al poeta.
Cuántos reflejos imaginándola
ella era capaz de cicatrizar grietas.
Sostengo cariño y promesas destrozadas
yo jamás compré, sus sonrisas fueron provocadas
ayer guardé antifaces, detrás de mi espalda
hoy escribiré poemas, donde sobras, eras tóxica.

(SOMOS UN MUNDO DONDE LO QUEREMOS TODO Y
NO CUIDAMOS NADA)

MIEDO SIN TI

Eres infinita, solo tu vida da sentido a la mía
contigo camino tranquilo, bajo mil tormentas
siempre escribo dos nombres sobre el cristal
mientras siento inolvidables latidos una vez más.
Hagamos de confianza nuestra mejor aliada
un mal de amores que en ti encuentra cura
sánate cuando tengas heridas
con trocitos de mi alma,
luego silenciemos estas sonrisas nerviosas.
Ojalá estés y no aparezca despedida
porque, aunque duermas cerca
jamás voy a dejarte de soñar
como al cariño, a ella hay que cuidarla.
Juntos la magia se multiplica
eres todo corazón, sacas espinas
nunca faltes, no me abandones princesa.

(SABER ESCUCHAR ES EL MEJOR ABRAZO DEL
MUNDO)

NO ME HICISTE BIEN

Pensé que cariño estaba cerca de su voz
pero al final fui cobarde perdiendo ilusión
comportándome con todo sin ser yo,
disfracé tantas veces al corazón
para sufrir menos.
Aprendí con dolor a quitarme espinas solo
eras tanto amor, nunca entendí ese adiós
me hizo pequeño tus falsos te quiero
suerte fui inútil al localizar mi dirección.
Tan vulnerable y sensible siempre en
cualquier sitio,
miré al espejo sin saber quién era el humano
del reflejo
acerco este pecho solo si ese calor, es verdadero.

(SE NECESITAN CORAZONES VALIENTES PARA
CURAR A OTROS HECHOS CRISTALES)

NUESTRO CUENTO

Por qué susurrabas te quiero sin sentirlo
para qué le hice hueco entre mis latidos,
cambiaré de nombre y dirección
ya no te avisaré cuando baje el sol.
Para ti los perdones jamás tuvieron motivos
solo fui arreglo para un descosido
quiero seguir los caminos, aunque falte tu abrigo
cuántas noches en vela esperando besos
sentado con soledad aguardo al silencio que quedó.
Creí estar juntos en esto, pero todo se perdió
como golondrinas por el trayecto
tengo miedo a soñarte porque termino pequeño
cuántos momentos pasé regalándote tiempo.
Aunque eche de menos tu cielo, mejor lejos
incapaz de ver nada estaba demasiado ciego
rápido y mágico fue nuestro corto cuento.

(EL AMOR NO ENTIENDE DE EDADES SOLO DE
SENTIMIENTOS)

OTRO SUEÑO MÁS

Bienvenida, eras tú mi requisito para
tocar las estrellas
por favor conmigo no te calles nada,
impaciente y soñadora ella es todo corazón
medicina natural sanándome heridas de guerra.
Nuestras sonrisas nerviosas nos delatan y esas
miradas no aguantan más sin responderlas
quiero respirar contigo abrazado en cualquier lugar
mientras nuestros cuerpos descifran
su propio idioma.
Creativa como yo, jamás le temas a vida
dame solo esos besos imposibles de olvidar.
Quizás fue casualidad o un aleatorio destino,
enamorados por miradas, cruzando caminos
silenciemos estas dudas sobre los dos
luego besémonos en el metro de Sol.

(DISFRUTA LOS SUEÑOS QUE LA VIDA ES UN PASEO)

Felicidad

PARA ELLA FUI UNO MÁS

Dónde está la bandera blanca de los inocentes
quién soborna a suerte, escondiéndose mil veces
en silencio, acabé entendiendo al amor lentamente
me pediste perdón, mirándome
yo le dije que teníamos rumbos diferentes.
Cuando menos lo espero regresa tu nombre
pero consigo evadirlo deleitándome con nuevos paisajes.
Quien diga nunca puedo, es porque fue incapaz de conocerse
ahora solo salen sonrisas, no veo el cielo en tonalidades grises
logré escribir sobre papeles versos celestiales,
después pintaré entre colores vivos todos mis alrededores
saludando al sol hasta verlo amanecer.
Diciembre tiene otra fragancia especial sin sus andares
nos conocimos en una etapa inigualable,
aunque jamás le di permiso para abrirme cicatrices
cada uno tomó sus decisiones
normal que nuestros caminos poco se encuentren.

(AMOR PROPIO ES LUCHAR CUANDO EL DESTINO
NOS PONE A PRUEBA)

PEQUEÑO MILAGRO

El roce de tus dedos por mi cuello nuestro
juego favorito
me encanta encontrarte leyendo los domingos
no todo es tan malo, si me cruzo contigo
conocemos muy bien el camino.
Recitarte versos quemando al silencio
como nuestro amigo,
estaba en objetos perdidos y llegaste para darme brillo
a pesar del tiempo sigues siendo, mi única flor.
Quiero pasearte sobre rojos columpios
luego regalarte infinitos recuerdos
aunque me conformo con menos, si estamos abrazados.
El destino caprichoso me hizo conocerte un invierno
en la calle pasando frío, hasta que levanté la mirada del suelo
viendo a una princesa con la que comparto sueños
por donde vaya te recuerdo, porque te quiero.
De esos detalles soy fan número uno
si se consume esta voz no olvides, tuyo
siempre seré yo
jamás nos sentiremos lejos si nuestro amor
es verdadero, es mi pequeño milagro.

(QUE JAMÁS APAGUEN LAS LUCES QUE ENCIENDEN
TU CORAZÓN)

POR TI VIVO

Quiero escribir sobre tu piel mil frases inolvidables,
contigo los imposibles no existen, el viento corre libre
soñar juntos es lo único que logra salvarme
triste, pero llegaste dándome ilusiones.
Tanta suerte olvidada, en tus labios la encontré
afortunado de tenerte porque sabes que el amor solo es para valientes
esas sonrisas son mías, porque seré quien las provoque.
Abrazándote consigo ver un mundo diferente
el secreto del destino fue conocerte,
necesitaba tu media mitad para sentirme grande,
ahora sé cómo hacer frente a cicatrices cuando duelen.
Tu aire todo lo envuelve, bendecido por siempre
hagámonos felices, tienes las llaves de dos corazones
cada te quiero será sin finales.
Déjame enamorarte, para mí eres lo más importante
perderé un ángel, si algún día no puedo tocarte
cada paso que des, yo a tu lado los daré también
gracias por regalarme, la vida que desaproveché ayer.

(LA QUÍMICA MÁS HERMOSA ES LA ENERGÍA ENTRE
DOS CUERPOS)

SERÁN TUS LABIOS

Contigo solo me sale quererte toda
la vida un paraíso, cuando beso tu boca
capaz de paralizar mis horas
cuántas flores te tienen envidia, porque eres única.
Conmigo cuidaremos el cariño, ninguna herida
nos volverá a enfermar
princesa esas malas sombras se apartarán
si pudiera pondría tu nombre, en el cielo con las estrellas
ahora gané esta batalla ya no pesan mis alas
amaneciendo cerca.
Distinta a todas, así lo demuestran tus caricias
apriétame fuerte las manos mientras me miras,
no quiero perderte por nadie ni nada
sabes que es necesario hacerle hueco, si llena el alma.
Ese brillo de ojos es como medicina
cuando te sientas sola recuerda nuestras sonrisas.
Apareciste una luna llena, yo no sabía quién eras
caprichoso el destino y sus vueltas al azar,
tu mirada vino esa mañana sin avisar
abrazados, los imposibles se pueden alcanzar.

(UN PIROPO ES RECITAR MARIPOSAS AL OÍDO)

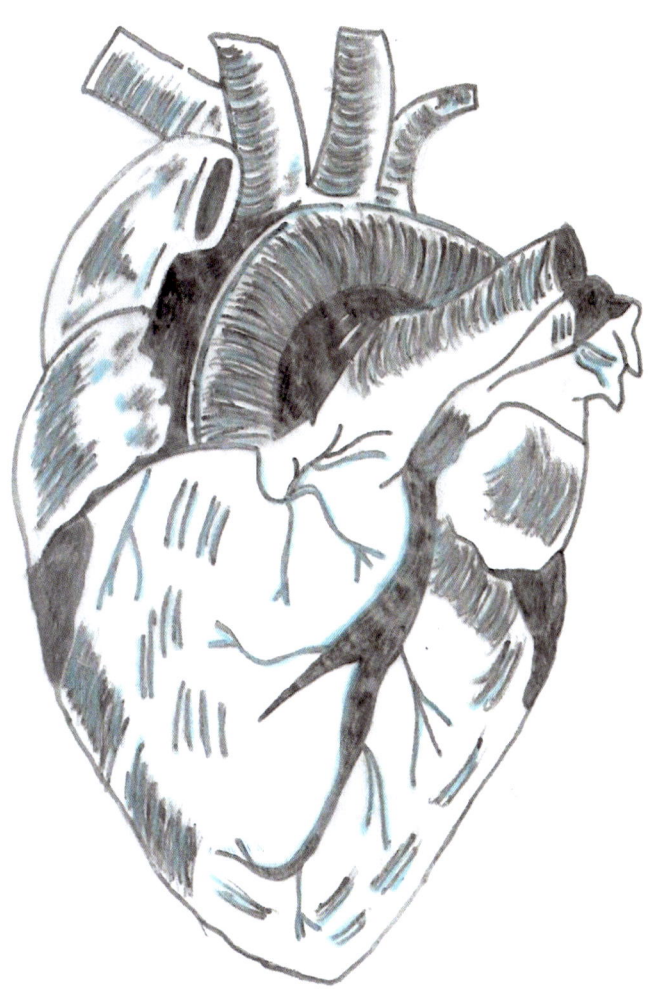

SI TE QUEDAS CONMIGO

Estoy hechizado desde el primer día, que me crucé
con tu mirada
si conmigo vienes sobre sueños vas a despertar
en ti puedo encontrar la mayor libertad
tanto tiempo perdido, juntos lo pienso recuperar.
Quiero enamorarte una vez más
nada es igual, si no estás cuesta respirar
curas heridas con cada sonrisa,
si olvidas a esperanza confía en mis palabras.
Eres donde la luna se une entre mil estrellas
por ti el corazón siempre desea brillar
escuchando olas del mar, te quiero confesar
que hoy tengo todo cuanto deseaba.
No cuentes horas, apaga la luz y quedémonos a solas
serás la testigo de todo este cariño por regalar
prométeme que, aunque llueva, jamás te irás.
Silencios como flechas si te distancias
tus caricias, esa vitamina que ansía mi alma
les diste claridad a tormentas
hazme cobijo porque contigo, me volví a enamorar.

(LA DISTANCIA ROBA BESOS PERO JAMÁS
DOBLEGARÁ EL AMOR)

TIEMPO

Perdimos la noción del tiempo
volviste en el mejor momento,
para volver a decirte te quiero
cumpliré tus sueños o moriré en el intento
déjame ser libre, besándote el cuello.
Te echo de menos cuando siento frío
con mil granitos construiremos nuestro castillo
quédate conmigo y deja salir al silencio
tus ojos cautivaron a este pecho, al
cruzarse con ellos.
No sé, si soy mejor o peor
pero si me pides todo, te daré el infinito.
Eres capaz de dar otro sentido al mundo,
con tus besos inmortales y esas caricias de caramelo.

(QUE ALGUIEN SEQUE TUS LÁGRIMAS ES COMO
ABRIGARTE EL CORAZÓN)

TODO EMPIEZA EN TI

Encuentro en ti el brillo de mis latidos
no te asustes amor, seré tu abrigo
mi única bandera es el color de tus ojos.
Quisiera vivir eternamente junto a tus pasos,
aprendí, en los silencios a descifrar nuestros cuerpos
di al miedo por perdido, porque estás conmigo
ahora la palabra paraíso, tiene un significado distinto.
Me sonríe otro invierno cuando sentado te espero,
mientras nuestros labios son cómplices del primer beso
desvelándome cada noche, para acercarme a
todos tus sueños.
La vida sola dibujará mil recuerdos, si confiamos
que nunca abandonen esos sentimientos tanto cariño,
deseo beber en tus labios y respirar el viento
mientras de fondo, suena nuestra canción.
Ella es la mejor inspiración, sobre su piel está todo escrito
Neruda y sus versos nos enamoraron,
por nada cambio cada domingo, abrazándonos
robaste mi corazón ojalá el futuro sea siempre cerca tuyo
entre nosotros brota lo más bonito, contigo soy único.

(TODO COBRA SENTIDO CUANDO DECIDES
TRANSFORMAR TU ESPÍRITU)

YO

Fui testigo de malos consejos
formé parte en un romance como peón,
acabé siendo desertor con una flor
entre las manos,
tras tantas vueltas perdí la receta del luchador
prefiero ser yo mismo cuando miro al cielo
desde ese día pasión está custodiada en un cajón.
Buscaba un poco de ti pero me negaste asilo
aunque no quiero, sigo echándote de menos.
Buenas noches Febrero, espero que el próximo año
te compadezcas de este corazón desordenado.

(UN ABRAZO ÚNICO ES AQUEL QUE ROBA LA
RESPIRACIÓN, PERO TE LLENA EL ALMA)

FRASES

NO SABÍA QUE MI CORAZÓN TENÍA TU ROSTRO.

MI HOGAR SON LAS PERSONAS NO LOS SITIOS.

ABRAZA LO QUE ERES.

LO QUE HOY MOLESTA MAÑANA LO ECHAREMOS DE MENOS.

QUIERO LIBERAR TU ALMA COMO LAS MARIPOSAS.

CRITICAN LO QUE NO PUEDEN ENTENDER.

UN PERDÓN EN EL MOMENTO ADECUADO ES LA MEJOR CURA.

LA VIDA ES UN PULSO CON LA SUERTE.

EL TIEMPO TE ENSEÑA A CONVIVIR CON UNOS Y A SOBREVIVIR SIN OTROS.

ALGUNAS PERSONAS SIENTEN LA LLUVIA, OTRAS SOLO SE MOJAN.

LAS PALABRAS PUEDEN DOLER SEGÚN QUÉ BOCA LAS DIGA.

UNA AMISTAD SIGNIFICA ESCUCHARTE CUANDO NADIE LO HACE.

QUE LOS MIEDOS SE ASUSTEN AL MIRARNOS.

SÉ FELIZ Y SALUDA A QUIEN LO DUDÓ.

ERES MI LUGAR PREFERIDO.

ABRÁZAME COMO SI EL MUNDO ACABARA MAÑANA.

DEJAR HUELLAS BONITAS SERÁ TU MEJOR LEGADO.

SI PIENSAS QUE NO PUEDES, RECUERDA LO RECORRIDO.

LAS DUDAS SOLO DEJAN HERIDAS INNECESARIAS.

LA VIDA ESTÁ RESUMIDA EN MOMENTOS.

QUIEN LUCHA CON AMOR AL FINAL LOGRA SUS PRPÓSITOS.

LOS ABRAZOS MÁS HONESTOS SE DAN SIN PENSARLOS.

LO INFINITO ATRAVIESA EL TIEMPO.

SEAMOS COLECCIONISTA DE INSTANTES.

NO OLVIDES QUE SI TE QUIERE JAMÁS VA A CAMBIARTE.

VIVIR ES BONITO, PERO TIENES QUE SABER CÓMO HACERLO.

CADA VERSO ES UN LATIDO A COLOR.

QUIEN TOCA FONDO LUEGO DESPEGA HACIA EL SOL.

QUE JAMÁS MUERA LA SONRISA ESPÓNTANEA.

VALÓRATE Y NO ESCONDAS TU PERSONALIDAD.

LA VERDADERA AMISTAD NO TIENE PUNTO FINAL.

AÚN QUEDA GENTE CON JUECES EN LOS OJOS.

SUEÑO CON SER SINÓNIMO DE TU NOMBRE.

LAS COSAS IMPORTANTES PASAN EN UN INSTANTE.

EL MUNDO SIN TUS CARICIAS NO TIENE COLORES.

LOS QUE HABLAN SIN SABER NADA NUNCA
MIRARON SU ESPALDA.

CUESTA VALORAR TODO LO QUE TENEMOS.

ÍNDICE